# FUSÉE A DOUBLE EFFET

## A FORCE CENTRIFUGE

POUR

# PROJECTILES CREUX

## EMPLOMBÉS

DE L'ARTILLERIE RAYÉE DE SIÉGE ET DE CAMPAGNE

PAR

## H. ROMBERG

CAPITAINE COMMANDANT D'ARTILLERIE.

| BRUXELLES, | PARIS, |
|---|---|
| C. Muquardt, | J. Dumaine, |
| Place Royale. | Rue Dauphine, 30. |

1868

**FRIEDRICH KLINCKSIECK**

LIBRAIRE DE L'INSTITUT IMPÉRIAL DE FRANCE.

11, RUE DE LILLE, PARIS.

# FUSÉE A DOUBLE EFFET

## A FORCE CENTRIFUGE

# POUR PROJECTILES CREUX

### EMPLOMBÈS.

# FUSÉE A DOUBLE EFFET

## A FORCE CENTRIFUGE

POUR

# PROJECTILES CREUX

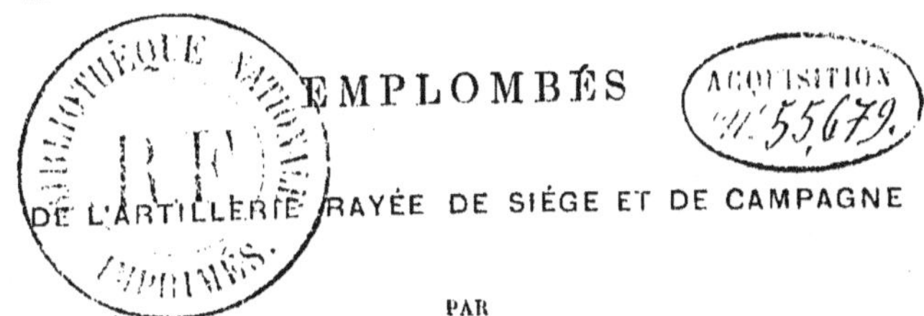

EMPLOMBÉS

DE L'ARTILLERIE RAYÉE DE SIÉGE ET DE CAMPAGNE

PAR

## H. ROMBERG

CAPITAINE COMMANDANT D'ARTILLERIE.

———

BRUXELLES,
C. Muquardt,
Place Royale.

PARIS,
J. Dumaine,
Rue Dauphine, 30.

1868

# INTRODUCTION



L'artillerie rayée possède d'excellents canons, des projectiles creux bien conditionnés et que l'on tire avec une justesse remarquable ; mais à défaut d'une fusée satisfaisant à toutes les conditions voulues, elle n'a pu jusqu'ici assurer à ses obus, et surtout à ses shrapnels, le maximum d'effet qu'ils sont susceptibles de produire.

L'étude que nous présentons a pour but de remplir cette lacune, ou, au moins, de concourir à la bonne solution de ce problème.

Le système d'artillerie rayée, employant des projectiles emplombés et se chargeant par la culasse, a compliqué la question des fusées, en ne permettant plus, comme dans les canons lisses, la prise de feu de la matière fusante par les gaz enflammés passant entre le projectile et la paroi de l'âme ; action qui n'était cependant pas complètement assurée, puisque les non-prises de feu s'élevaient jusqu'à 16 p%. D'un autre côté, elle est simplifiée par la diminution des vibrations, des chocs que le projectile recevait avant sa sortie de la bouche à feu ; le projectile est maintenu dans une position régulière pendant son parcours dans l'âme; de plus, le rapide mouvement de rotation que les rayures lui font acquérir , tout en assurant la justesse du tir, conserve à l'obus, pendant la durée de la trajectoire, la tête de la fusée en avant.

Des artilleurs prétendent que les gaz trouvent issue avant que le projectile ne se meuve, qu'ils le devancent et qu'une amorce renforcée doit assurer la prise de feu de la colonne fusante.

Il est vrai qu'au moment de la déflagration de la charge, bien que le projectile emplombé ait été convenablement refoulé, les premiers gaz trouvent une issue , entre la paroi de l'âme et l'obus, et s'y précipitent ; mais ces gaz ne font que suivre la paroi, leur tension est trop faible pour qu'ils puissent se refouler vers l'axe de la bouche à feu et amener ainsi, avec certitude, l'inflammation de l'amorce de la fusée.

D'autres prônent les rainures à la surface du projectile pour faciliter le passage des gaz ; ce système a également donné lieu à des mécomptes ; il peut réussir, mais aussi échouer et ainsi atténuer l'effet destructeur des projectiles creux.

On ne saurait trop s'attacher à rechercher tous les moyens qui peuvent assurer la bonne réussite du tir des shrapnels. Une légère complication dans la construction de la fusée est amplement compensée, si elle amène la certitude de l'effet destructeur du projectile.

La question des fusées, si intimement liée à celle des shrapnels, acquiert une importance plus grande de jour en jour, par suite du perfectionnement des armes à feu portatives ; aussi est-il du devoir de tout artilleur de tâcher de contre-balancer cette influence, en s'efforçant d'améliorer les fusées, afin de rendre l'effet des projectiles creux ce qu'il doit être. Tel est le motif qui nous a déterminé à entreprendre ce travail, que nous espérons voir sanctionner par l'expérience.

Liége, 1868.

# CONSIDÉRATIONS GÉNÉRALES.

Le service de l'artillerie de campagne exige une fusée à temps, afin que les projectiles, éclatant dans la partie descendante de la trajectoire, puissent produire un maximum d'effet, en étendant complètement la gerbe d'éclatement vers le but à atteindre.

Si l'éclatement a lieu au moment où la projectile vient de ricocher, l'obus, ou le shrapnel, a perdu une partie de sa force vive : la nature du terrain fait varier l'angle de relèvement, d'où résultent des effets irréguliers ; les éclats sont projetés de bas en haut sous de grands angles et loin du point de chute.

L'artillerie de campagne pouvant être appelée à exécuter un tir de brèche, à renverser des obstacles, la fusée explosive peut aussi lui être nécessaire dans certains cas.

L'artillerie de siége demande, en premier lieu, une fusée

explosive ; cependant son tir, pour être très-efficace contre les rassemblements de travailleurs et contre les travaux de tranchées, nécessite l'emploi d'une fusée à temps.

De ce qui précède, il résulte qu'une fusée de campagne, ou de siége, doit être à la fois à temps et explosive, c'est-à-dire à double effet.

En adoptant un système présentant simultanément deux moyens d'action bien conditionnés, on empêche que les champs de bataille ne soient couverts de projectiles creux non éclatés, comme cela a eu lieu dans les dernières guerres.

Les fusées sont soumises à des prescriptions générales dont il faut se rapprocher le plus possible.

Elles doivent être d'une fabrication facile à installer, ne demandant pas un grand nombre d'ouvriers spéciaux. Leur logement ne peut pas trop entamer la paroi du projectile, ni leur placement en changer la forme extérieure ou rejeter, en dehors de l'axe, le centre de gravité ni le centre de figure. Il faut qu'elles se fixent et s'extraient avec facilité, afin de permettre la vérification de l'état de la charge explosive du projectile. Leur construction les garantira des influences atmosphériques et de l'humidité provenant de la charge explosive ou de l'état des magasins.

Il est nécessaire que les projectiles soient armés de leurs fusées dans les transports, sans que l'on aie à redouter des accidents. La solidité sera assez grande pour résister aux chocs de la charge et aux vibrations qui peuvent se produire dans l'âme. Le maniement ne doit être ni difficile, ni dangereux quelle que soit la maladresse du canonnier. Pendant l'action, celui-ci ne doit pas avoir à craindre que la chute du projectile, s'il le laisse tomber, puisse donner lieu à une explosion. Par suite de son inertie, au moment du départ, il ne faut point que la fusée puisse se refouler dans l'intérieur du projectile : son extrémité, venant choquer avec force la masse explosive, pourrait l'enflammer. A l'instant du tir, tout doit se passer simplement et avec sécurité : rien ne peut être introduit dans la fusée ; le canonnier n'aura aucun instrument à manier.

Dans la construction des fusées, il est nécessaire d'éviter l'emploi des matières trop fusibles ou hygroscopiques, ainsi que celui des rivets, sur la force desquels on ne peut jamais compter, et des pointes d'acier, qui se rouillent et s'émoussent facilement, et dont le jeu exige une grande précision. La prise des munitions dans les avant-trains sera aisée et prompte.

Réaliser les conditions qui viennent d'être énoncées serait sans doute chose bien difficile ; mais sans arriver à pouvoir satisfaire à toutes, ne peut-on s'en approcher suffisamment pour obtenir une bonne solution pratique ?

Outre les prescriptions générales, il existe des prescriptions particulières relatives à chaque genre de fusées. Ainsi celles à temps ont à satisfaire aux conditions suivantes : facilité de régler l'éclatement jusqu'aux plus grandes distances de tir, réglage et amorçage dans un temps très court et sans exiger une instruction spéciale ; amorçage sans instrument, le servant pouvant facilement le détériorer ou l'égarer devant l'ennemi. Les divisions de l'échelle seront nettes, le repère saillant et se mettant avec grande facilité en regard de la division indiquée. La matière fusante sera à l'abri des extinctions produites par l'introduction des terres lors du choc des projectiles ou par des débris de bois, etc., lors de la pénétration dans un milieu résistant.

Dans la fusée explosive, le dispositif ne peut être compliqué ; moins il y aura de pièces, meilleur il sera. Il ne doit pas pouvoir agir lorsque le projectile tombe, la tête en bas, d'une certaine hauteur ou lorsqu'il reçoit des chocs, étant manié avec maladresse.

Une fusée à double effet participe à toutes les conditions que nous venons d'énumérer.

Le rapprochement des trajectoires de l'artillerie rayée de siége et de campagne, à partir de 12 à 1400 mètres, ainsi que celui des vitesses d'arrivée au but, aux distances ordinaires du tir, malgré la différence des vitesses initiales, permet de n'adopter qu'un seul modèle de fusée pour ces deux services, ce qui donne lieu à une simplification très grande dans l'approvisionnement des munitions.

La fusée à double effet, que nous proposons (voir Pl. I), se compose essentiellement d'une fusée à temps, du genre de la fusée Breithaupt, dans le milieu de laquelle se trouve vissé un tube en métal. On distingue dans cette fusée quatre parties principales, savoir : le *corps*, contenant la colonne fusante ; le *régulateur*, disposé sur le corps et servant à régler la durée de la combustion ; le *tube central*, dans lequel se place l'appareil explosif, désigné sous le nom de tube porte-étoupille ; le *disque écrou*, vissé sur le tube central, surmontant le tout et qui assure, par sa pression sur le régulateur, la stabilité du système.

La prise de feu, au départ, a lieu par l'action d'une étoupille à friction, avec tête en plomb fixée solidement au fricteur. Cette étoupille emplombée s'adapte au régulateur ; elle est maintenue en place par la pression du disque-écrou, et communique avec la colonne fusante.

Au moment du tir, le mouvement du projectile peut être décomposé en mouvement de translation et en mouvement de rotation.

Toute masse fixée sur le projectile, par une tension F, telle que la tête de l'étoupille emplombée, retenue par la tension du fricteur, sera animée de la même vitesse de translation et de rotation que l'obus.

Cette masse, en vertu de son inertie, résiste à tout déplacement.

Si, par suite de sa forme, elle trouve un appui en arrière, sur le projectile, sa résistance d'inertie à suivre le mouvement en avant sera détruite ; mais, par sa vitesse de rotation, cette masse va acquérir une force centrifuge qui, dépassant la tension F, déterminera son arrachement de l'obus.

Dans le cas où cette masse n'est pas soutenue en arrière,

sa résistance d'inertie tendra à l'empêcher de suivre le mouvement du projectile. Cette résistance augmentera avec la vitesse de l'obus, et, dès qu'elle aura dépassé la valeur de F, le même arrachement se produira.

Il s'en suit que selon la disposition que nous donnons à la tête de l'étoupille emplombée, la prise de feu aura lieu par la force centrifuge ou par la résistance due à l'inertie.

Avant de décrire notre système de fusées, nous allons exposer les principes sur lesquels il est établi.

---

**Prise de feu, au moment du départ, par l'action de la force centrifuge.**

## ÉTOUPILLE A FRICTION EMPLOMBÉE.

(Voir fig. 7, Pl. 1.)

La force centrifuge développée par le mouvement de rotation du projectile, lors du tir, peut être utilisée pour provoquer la prise de feu de la fusée, placée à la tête du shrapnel ou de l'obus emplombé.

Afin de résoudre ce problème, il suffit de fixer, à une certaine distance de l'axe du projectile, une petite masse de plomb, qui, participant à la vitesse de rotation, tend à s'échapper suivant la normale, et détermine ainsi la déflagration d'une étoupille à friction, au rugueux de laquelle elle est fixée, étoupille communiquant à l'amorce de la fusée.

En vue d'obtenir cette action, il faut que la masse soit logée dans la fusée, de façon que sa résistance d'inertie au mouvement de translation en avant soit détruite par l'appui qu'elle rencontre, tout en pouvant céder à un certain effort produit normalement à l'axe de la fusée. Sous l'influence du mouvement de rotation du projectile, elle va acquérir une force centrifuge, augmentant en raison directe du carré de la vitesse de l'obus, et qui atteindra son maximum de valeur à deux mètres environ de la bouche de la pièce. Cette masse va se détacher au moment où la puissance dont elle sera animée dépassera la sensibilité de l'étoupille, c'est-à-dire la tension nécessaire pour dégager le fricteur de son tube. Elle sera lancée en avant, par suite de la composante de vitesse suivant l'axe, communiquée par le projectile. Si le poids de la tête en plomb est trop faible, il n'agira pas ; s'il est trop fort, il s'arrachera pendant le parcours du trajet dans l'âme, sans que cela présente cependant aucun inconvénient ; mais il est préférable de le déterminer de façon à provoquer son départ au sortir de la bouche à feu ; il faut donc donner au poids de la masse une valeur telle que la force centrifuge, nécessaire pour arracher le fricteur, corresponde à une vitesse un peu inférieure à la vitesse maximum du projectile. Quant à fixer cette valeur, des expériences directes seules peuvent le faire; la théorie offre bien un point de départ, mais non des résultats réels, le tir étant entouré de trop de circonstances instantanées qui nous échappent complètement.

Afin de montrer la possibilité d'appliquer ces idées aux divers systèmes d'artillerie, rappelons-nous que la force centrifuge est exprimée par la formule : $F = \dfrac{m\,v^2}{r}$ dans laquelle $m$, représente une masse possédant une vitesse de rotation $v$ et dont le centre de gravité se trouve à une distance $r$ de l'axe ; nous en déduisons, en observant que : $m = \dfrac{p}{g}$ , $p$ étant le poids de la masse et désignant par $n$, le nombre de tours de révolutions par seconde : $p = \dfrac{F\,r\,g}{v^2} = \dfrac{F\,g}{4\,\pi^2\,n^2\,r}$ .

Cette formule nous apprend : 1° que la valeur du poids à employer varie directement avec la force F à obtenir, dont la grandeur dépend de la sensibilité de l'étoupille ; 2° qu'elle est en raison inverse du carré de la vitesse, et 3° que le nombre de révolutions par seconde restant le même, $p$ varie en raison inverse de la distance de son centre de gravité à l'axe.

Un espace libre doit rester entre l'extrémité de la fusée et la paroi de l'âme, afin de permettre au plomb de se détacher, dans le cas où l'action de la force centrifuge atteindrait une intensité suffisante pendant le parcours de l'obus dans la bouche à feu. Cette considération fait donner à $r$ une longueur inférieure de 0.015 au rayon du projectile. La valeur de F est déterminée pratiquement en recherchant le nombre de kilogrammes nécessaires pour détacher le rugueux de l'étoupille ; mais cette tension, obtenue en ajoutant successivement des poids, est supérieure à la tension nécessaire à une force instantanée, telle que la force centrifuge, agissant lors du tir et produisant le même effet.

Un meilleur moyen pour la détermination de F consiste à disposer l'étoupille à friction, dont le rugueux est armé d'une tête en plomb, dans une pièce en bois que l'on fixe à l'axe d'une machine à rotation; on évalue ensuite, par tâtonnements, le poids que doit avoir cette tête pour qu'elle soit arrachée lorsque la machine est en mouvement, ce qui permet finalement de calculer F par la formule $F = \dfrac{m\,v^2}{r}$. Le résultat sera d'autant plus exact que la vitesse de rotation de la machine se rapprochera davantage de celle du projectile. Cependant les expériences directes de tir sont préférables; elles consistent à tirer sur une cible, placée à une distance de quelques mètres de la pièce, et à faire varier le poids de $p$, jusqu'à ce que sa masse se détache du projectile, de 2 à 5 mètres de la bouche du canon, ce que l'on vérifie facilement par les empreintes sur la cible.

Considérons les données suivantes qui sont celles de l'artillerie rayée belge (canons en acier) :

| Canons. | 12. | 6. | 4. |
|---|---|---|---|
| Pas d'hélice. | 6ᵐ,30 | 4ᵐ,70. | 3ᵐ,80. |
| Vitesse de translation. | 350ᵐ | 350ᵐ. | 375ᵐ. |
| Nombre de révolutions par seconde. | 55,5. | 74,4. | 98,6. |

Appliquons ces données à la formule citée plus haut et admettons pour F une force de 25 kilogrammes, nous obtiendrons les résultats suivants :

| Canons. | 12. | 6. | 4. |
|---|---|---|---|
| Valeur de $r$. | 0ᵐ,040. | 0ᵐ,030. | 0ᵐ,025. |
| Valeur de $p$. | 0ᵏ,050. | 0ᵏ,040. | 0ᵏ,025. |

valeurs ne différant pas sensiblement de celles qu'on obtiendra par le tir et qui permettront de donner, à la tête en plomb de l'étoupille, une forme assurant sa fixité dans les transports.

Afin de rendre pratique ce que nous venons d'exposer, il suffit de fixer une étoupille à friction en regard d'un des points de la colonne fusante de la fusée et de remplacer la ganse du rugueux par une petite masse de plomb.

Lorsque le projectile se mettra en mouvement, cette masse, faisant corps avec lui, sera animée de la même vitesse de rotation; la résistance de l'inertie sera détruite par l'appui de la fusée, et la force centrifuge qu'elle acquerra déterminera la déflagration de l'étoupille et la prise de feu de la matière fusante.

La force, et surtout la vitesse avec laquelle la flamme provenant de l'amorce fulminante de l'étoupille pénètre une charge, sont incomparablement plus grandes que celles des gaz enflammés de la poudre ordinaire.

L'application de la force centrifuge, telle que nous la présentons, est simple; elle n'entraîne qu'une dépense insignifiante et elle offre toute garantie. Elle peut s'adapter aux divers systèmes de fusées.

L'étoupille emplombée (voir Pl. I, fig. 7) se compose d'un prisme en cuivre, présentant aux extrémités un rebord sur chaque face, à part la face supérieure. Il est percé, suivant son axe, d'un canal contenant de la poudre fulminante, un tampon en plomb et deux tampons en cire; le tout traversé par un rugueux replié, à l'une de ses extrémités, sur la paroi extérieure et fixé, à l'autre extrémité dans une lentille en plomb formant tête d'étoupille. Cette tête qui, sous l'influence d'un effort d'environ 25 kilogrammes, agissant normalement à l'axe du projectile, doit arracher le fricteur, s'engage dans une saillie que présente le régulateur ; elle est terminée par deux branches , embrassant une demi-circonférence du régulateur , sur la base duquel elles prennent appui. Chacune de ses branches est percée, à son extrémité, d'un trou circulaire. Le corps prismatique de l'étoupille se loge dans un canal, en forme de T, pratiqué dans le régulateur ; il est y maintenu par ses rebords et par la pression du disque écrou. Deux ouvertures pratiquées, en regard l'une de l'autre, dans le régulateur et dans le corps de l'étoupille , font communiquer cette dernière avec une des sections de la colonne fusante. Ces ouvertures sont fermées extérieurement par l'application d'une mince feuille d'étain.

Si l'étoupille emplombée ne devait être introduite qu'au moment du tir, on pourrait la simplifier et la constituer par un tube vissé dans le régulateur et ayant une tête se prolongeant, suivant un prisme carré dans lequel s'engagerait, en partie, le disque en plomb, fixé au rugueux.

## Prise de feu, au moment du départ par l'action de la résistance d'inertie.

## ETOUPILLE A FRICTION EMPLOMBÉE.

(Voir figures 12 et 13, Pl. II).

Le dispositif employé pour la prise de feu déterminée au moment du départ, par l'action de la résistance d'inertie, ne diffère guère de celui que nous venons de décrire ; seulement la tête en plomb de l'étoupille n'est pas maintenue en arrière ; son milieu n'est plus retenu par la saillie de l'entrée du canal en T du régulateur, dont la forme extérieure tronconique et sans embasement ne présente plus aucun appui pour ses branches. Dans les transports, la tête en plomb est soutenue par la languette de sûreté, dont il est parlé plus loin, et par une autre petite languette, ainsi que le montre le dessin (fig. 12 et 13). Ces deux languettes, fixées à une même ganse en corde, se retirent ensemble lors du tir. La tête en plomb de l'étoupille doit être disposée de façon à ce que, sous un effort donné, elle puisse glisser librement en arrière. Vu l'énorme vitesse de translation du projectile, la masse de plomb nécessaire pour produire l'arrachement du rugueux sera très-petite ; mais afin de lui conserver une forme qui convienne pour les transports, nous lui attribuons un poids de 40 grammes, qui pourra servir indistinctement pour tous les calibres, la vitesse initiale des projectiles étant en général, au moins de 300$^m$ dans les bouches à feu rayées.

La tête en plomb de l'étoupille s'arrachera dès le déplacement de l'obus ; elle sera rencontrée, laminée et entraînée hors de la bouche à feu par le projectile, sans qu'aucune trace de plomb reste dans l'âme, ainsi que des expériences nous ont permis de le constater. Cette masse de plomb a peu d'épaisseur : la force dépensée pour l'applatir ou l'augmentation de forcement qu'elle peut déterminer est tellement insignifiante qu'elle ne peut avoir aucune influence sur le tir.

Ce dispositif présente un avantage sur celui à force centrifuge, en ce que la même tête d'étoupille peut servir pour tous les calibres ; mais il offre l'inconvénient de ne pas fixer d'une manière aussi efficace la tête de l'étoupille, qui doit pouvoir résister parfaitement à tous les chocs, lors des transports.

Dans le cas où l'introduction de l'étoupille emplombée ne devrait être faite qu'au moment de l'action, on simplifierait le dispositif, en le formant d'une étoupille à friction, dont le tube serait fixé dans le régulateur et dont le rugueux serait armé d'une lentille en plomb, reposant sur le projectile.

### Inflammation de la charge explosive, au moment du choc, par l'action de l'inertie.

## TUBE PORTE-ÉTOUPILLE.

(Voir figure 8, Pl. II).

Le dispositif employé est basé sur la propriété que possède toute masse, logée dans l'intérieur d'une fusée et placée suivant l'axe d'un projectile tiré par une bouche à feu rayée, de se projeter en avant, avec une force plus ou moins grande, lorsque le corps dont elle fait partie subit pendant sa trajectoire un choc, ou pénètre dans un milieu résistant. Sur ce principe sont déjà construites un grand nombre de fusées explosives, actuellement en usage.

L'inertie joue ici un rôle actif et dont la valeur totale est exprimée par la formule $F = \dfrac{1}{2}\, m\, V^2$ ; dans laquelle $m$ est la masse V, la différence des vitesses du projectile avant et après le choc.

Plus grande sera la masse, plus énergique et instantané sera le choc et plus cette masse tendra à se porter en avant avec force.

Pour appliquer ces principes au dispositif explosif de notre fusée, on introduit dans le tube central, dont elle est munie, un tube porte-étoupille.

Il consiste ( voir fig. 8 ) en un tube-enveloppe en cuivre em-
bouti, s'engageant librement dans l'âme du tube central, dont
il arrase la partie supérieure , où il est fixé par deux petits
tenons. Une étoupille d'une sensibilité de 5 kilogrammes
s'applique sous sa base inférieure, au moyen de ses quatre
oreilles rabattues. Cette étoupille se compose d'un petit tube en
cuivre renfermant une charge de poudre fulminante, deux tampons en cire et un tampon en plomb. Un fil de cuivre, formant
rugueux, le traverse; il a une de ses extrémités repliée contre la
paroi du petit tube ; quant à l'autre extrémité, elle est fixée
dans un cylindre en plomb, du poids de 25 grammes, présentant, à mi-hauteur, deux rainures latérales et disposé dans le
tube-enveloppe, où sa position est assurée par la présence de
deux petits tenons.

Les quatre tenons du tube porte-étoupille ont surtout pour
objet, d'empêcher , qu'au moment du départ du projectile , le
tube-enveloppe et le cylindre en plomb ne présentent une résistance d'inertie à être entraînés dans le rapide mouvement de
rotation de l'obus, et par suite ne donnent lieu à un éclatement
prématuré.

Pour la confection du tube porte-étoupille, on coule d'abord
le cylindre en plomb, en ayant soin de disposer, suivant l'axe
du moule, le rugueux, son extrémité, formant crochet, dirigée
vers le centre. Le cylindre, muni du rugueux, est placé dans le
tube-enveloppe, sous la base duquel on met le tube de l'étoupille
à friction, que vient dépasser le rugueux. L'étoupille est ensuite
chargée et l'extrémité inférieure du rugueux recourbée contre
la paroi extérieure du petit tube. Le tube porte-étoupille est
alors prêt à être introduit dans l'âme du tube central.

Le disque-écrou de la fusée maintient le tube porte-étoupille en place et en obture l'ouverture supérieure, tout en permettant, au moment du choc, un libre parcours à la masse de plomb destinée à arracher le fricteur. Ce parcours est de 0,013 et dépasse de 0,003 la longueur de la course du rugueux dans le petit tube.

Le petit tube communiquant avec la chambre du pétard, la déflagration de la poudre fulminante qu'il contient, détermine l'inflammation de la charge du pétard et par suite celle de la charge explosive du projectile.

Pour fixer la valeur du poids de la masse du cylindre de plomb, il faut connaître la vitesse du projectile après le choc, dans les différents cas qui peuvent se présenter, ce que de longues expériences ne pourraient même que difficilement déterminer ; mais remarquons que les durées de pénétration sont toujours très courtes et d'autant plus que le milieu est très résistant. Cette durée ne dépasse généralement pas une fraction de seconde; aussi croyons-nous pouvoir attribuer à V une valeur minimum de 100 mètres, en supposant une vitesse initiale de 300 mètres. En appliquant cette donnée à la formule $F = \frac{1}{2} m.V^2$ nous trouvons qu'une masse d'un poids de dix grammes donne une tension de cinq kilogrammes, valeur de la sensibilité de l'étoupille à friction du tube porte-étoupille.

Cette tension doit toujours se produire au moment du choc, le point d'impact se présentant, d'une manière permanente, à la tête du projectile lancé par une bouche à feu rayée.

En donnant un poids de 10 grammes au cylindre en plomb,

nous restons dans les limites de la théorie ; mais afin d'atténuer l'effet de tout frottement qui pourrait se produire, il convient de lui attribuer un poids de vingt à vingt-cinq grammes.

---

# FUSÉE A DOUBLE EFFET

### à force centrifuge.

(Voir planche I).

Un seul modèle suffit pour les bouches à feu de siége et de campagne. Le poids de la tête de l'étoupille varie seul suivant les calibres.

La fusée est à la fois à temps et explosive au moment du choc ou de sa pénétration dans un milieu résistant.

La prise de feu, lors du départ, est amenée par la rotation du projectile, d'où vient son nom de fusée à force centrifuge.

Elle se compose de quatre parties principales, savoir : le corps et le régulateur, coulés en alliage de 3 de plomb pour 1 d'étain ; le tube central, en laiton ou en fer étamé ; le disque écrou, en fonte malléable. La colonne fusante est formée de pulvérin comprimé et recouvert d'une feuille d'étain, appliquée par pression, et d'une épaisseur telle que la flamme puisse la traverser facilement. Cette colonne est disposée horizontalement dans le corps de fusée ; cependant, si la facilité du chargement l'exige, on peut la placer dans la partie inférieure du régulateur (voir fig. 12 et 13). Elle est à découvert et forme un anneau circulaire, d'un rayon de $0^m$, 018, qui comprend 24 divisions, correspondant chacune à une durée de combustion d'une demi-seconde, mais dont 22 seulement servent au réglage, l'emplacement du zéro et du massif qui sépare les extrémités de la colonne fusante absorbant les deux autres. Chaque division a une longueur d'un peu plus de $0^m$ 0045 ; sa section est un carré de $0^m$ 004 de côté et sa longueur totale donne une durée de combustion de 11 secondes. A l'origine de la première division, à la gauche du massif, se trouve l'ouverture d'un canal de communication qui débouche dans la chambre du pétard. Ce canal est traversé par un brin de mèche de communication, replié sur lui-même à son origine et pénétrant dans la charge de poudre de chasse de la chambre du pétard. Cette chambre est fermée par un disque en plomb, fixé au moyen d'un sertissage et revêtu, à l'intérieur, d'une rondelle de papier.

Le corps de fusée, autour de la chambre du pétard, est fileté, de façon à pouvoir être vissé dans l'œil taraudé du projectile, à l'aide d'une clef, dont les deux dents s'engagent dans deux mortaises, circulaires ou carrées, pratiquées dans la table du corps de fusée.

Cette pièce présente, en son milieu, une ouverture taraudée, dessinée à loger le tube central, cylindre évidé dont la base sert de fond à la chambre du pétard et donne passage, par un trou circulaire, à l'étoupille du tube porte-étoupille. Le tube central se termine extérieurement par une partie filetée dans le même sens que les rayures du canon, et sur laquelle se visse le disque écrou, qui assure la jonction des différentes parties de la fusée. L'âme du tube central reçoit le système explosif de la fusée, système constitué par le tube porte-étoupille.

Le régulateur, de forme cylindrique avec embase inférieure (voir fig. 6) a, en son milieu, une âme circulaire pour le passage du tube central ; il présente à sa base supérieure un canal horizontal, en forme de T, percé d'une ouverture, en regard d'une des divisions de la colonne fusante ; ce canal est destiné à recevoir le corps de l'étoupille emplombée, déjà décrite (voir fig. 7). Son ouverture, contenant du pulvérin comprimé et présentant un vide suivant l'axe, sert à communiquer le feu de l'étoupille à la colonne fusante.

La partie inférieure de l'embase du régulateur est guillochée ; il s'y trouve, fixée au moyen de colle ou de rivets métalliques, une rondelle en feutre, maintenue en place par un rebord circulaire et laissant à découvert le débouché de l'ouverture. Elle est destinée, coinjointement avec la mince feuille d'étain de recouvrement, à garantir la matière fusante de toute communication instantanée de feu.

Le régulateur présente en saillie, suivant une génératrice, un repère, diamétralement opposé à l'axe de l'ouverture du canal et que l'on met en regard d'un des chiffres de l'échelle de division, tracée sur le pourtour du corps de fusée, et d'après la distance à laquelle on veut faire éclater le projectile.

Le corps du régulateur est entaillé de façon à donner appui

aux branches de la tête de l'étoupille emplombée, qui pénètre en outre dans la saillie formée par les parois de l'entrée du canal, en forme de T. (voir Pl. I).

Le disque-écrou, vissé sur l'extrémité supérieure du tube central, maintient le contact entre le régulateur et la colonne fusante. Ce contact se produit à la main; la pression est facilitée par la forme guillochée de la base du disque écrou, qui permet d'agir avec grande force, sans l'emploi d'un instrument. (Voir Pl. I).

Le disque-écrou est en fonte malléable, afin d'éviter que le métal de la tête de la fusée ne puisse venir se refouler dans le tube central, au moment du choc, et par suite empêcher le libre parcours du cylindre en plomb qu'il contient.

La fusée est toujours munie de ses deux dispositifs; elle ne peut cependant présenter aucun danger, même en tombant d'une grande hauteur, puisque les deux masses de plomb du tube porte-étoupille et de l'étoupille emplombée ne se déplacent que sous l'influence d'une grande vitesse; mais les vibrations dues aux transports, à des causes accidentelles, peuvent, à la longue, nuire à la solidité de l'attache des rugueux; aussi, afin d'amener toute sécurité, de permettre le transport des projectiles prêts à être tirés et de poser obstacle à tout déplacement des masses de plomb, avons-nous adopté le dispositif que nous allons décrire : le tube central, le tube porte-étoupille et son cylindre en plomb sont percés, suivant un diamètre, d'un trou circulaire de 0,002 à 0,003 de largeur ; il en est de même du régulateur et des extrémités des branches de la tête de l'étoupille emplombée, de façon à ce que la fusée étant montée et tous ces trous se cor-

respondant, le débouché de l'ouverture du corps de fusée abou-
tit alors au massif de la colonne fusante, le repère se trouvant
en regard d'une division non numérotée, comprise entre 0 et 22.
Si, dans ces ouvertures, ou introduit une languette formée par
un double fil en laiton, faisant ressort, le plomb du tube-étou-
pille est fixé, l'étoupille emplombée ne peut plus enflammer la
colonne fusante et sa tête est maintenue de tous côtés.

Il suffit donc de faire coïncider le repère avec le trait non
numéroté de l'échelle de division compris entre 0 et 22 et d'en-
gager à travers la fusée la languette de sûreté, pour empêcher
complètement l'action des deux dispositifs.

Au moment du tir, on exécute les opérations suivantes :
retirer la languette, dévisser d'une fraction de tour le disque-
écrou, mettre le repère en regard de la division indiquée, serrer
le disque-écrou. Si le canonnier, qui approvisionne la pièce,
néglige de retirer la languette, le chef de pièce sera bien obligé
de le faire, puisqu'elle empêche le réglage de la fusée.

Le système explosif devant agir seul, il suffit de remplacer
l'étoupille emplombée par une tige en bois. Dans le cas où l'on
ne veut se servir que du système à temps, on enlève le tube
porte-étoupille. En ne retirant pas la languette de sûreté, le
projectile sert comme projectile plein.

# FUSÉE A DOUBLE EFFET

### avec prise de feu par la résistance d'inertie.

(Voir fig. 12 et 13, Pl. 2.)

Cette fusée ne diffère, ainsi qu'il a déjà été dit, de la fusée à force centrifuge que par la forme du régulateur et par une légère modification à la tête de l'étoupille emplombée (voir page 18).

# CONCLUSION

Le système que nous présentons simplifie beaucoup les
approvisionnements, en n'exigeant qu'un seul modèle de fusée,
qui permet le réglage jusqu'aux plus grandes distances de tir ;
l'usage des shrapnels est en effet limité à 2000 mèt., et, au delà
de 3000 mètres, le dispositif explosif est seul employé. Les deux
moyens d'action existant simultanément et étant basés sur la
déflagration d'une étoupille à friction, d'une fabrication bien
assurée aujourd'hui, et dont la sensibilité peut être comprise
entre des limites parfaitement déterminées, y aura-t-il encore
lieu de craindre que des projectiles n'éclatent pas ? Il n'existe
dans cette fusée, ni pointes d'acier qui finissent par se rouiller
et s'émousser, et dont le jeu demande de la précision, ni rivets
sur la force desquels on ne peut jamais compter, ni rondelles
métalliques se laissant traverser plus ou moins aisément : les
actions sont basées sur de simples principes de mécanique
et produites par de petites masses de plomb.

Le projectile se transporte tout armé ; rien ne doit être introduit dans la fusée, au moment du tir ; son emploi n'exige
l'usage d'aucun instrument. La sécurité la plus complète devant
l'ennemi est garantie. L'outillage nécessaire à la fabrication est

simple ; toutes les parties, à l'exception du tube central, peuvent être coulées ou embouties, et par suite cette fusée pourra être livrée, en grande quantité, à un prix qui ne dépassera guère un franc vingt-cinq centimes. Elle présente, il est vrai, un grand nombre de pièces, et nécessite une certaine précision dans sa fabrication; mais de nos jours n'en est-il pas de même de tout? Comparons les engins dont on se servait jadis avec ceux qui sont en usage actuellement. Les exigences auxquelles on doit satisfaire sont devenues beaucoup plus grandes; les procédés primitifs ont disparu pour faire place à la précision des machines-outils ; la fabrication des canons, des fusils, des cartouches, des étoupilles, la fabrication de la poudre, etc., nous offrent de frappants exemples à l'appui de ce que nous avançons. La véritable question consiste à pouvoir agir devant l'ennemi avec sécurité, à être assuré que l'effet des projectiles lancés sera ce qu'il doit être, enfin à ne point admettre que la plus grande justesse donnée au tir se fasse au détriment de l'effet destructeur des projectiles, ainsi que cela a lieu aujourd'hui.

Devant obtenir un effet donné d'une grande importance, on ne peut pas lésiner sur les moyens qui en assureront la réussite. Toute la perfection possible doit y être apportée. Si , par esprit d'économie ou parce qu'on recule devant des difficultés de fabrication, on évite de réunir les éléments dont le concours est devenu indispensable, ne sera-t-on pas obligé d'y revenir plus tard, après que des insuccès prévus auront constaté les imperfections ? Or, tel sera le sort d'une fusée qui n'aura point les deux dispositifs à temps et explosif, et dont la prise de feu ne sera pas assurée, parfaitement et de manière à présenter toute garantie.

# NOTE.

Dans la fusée que nous présentons, la colonne fusante est
disposée suivant le système Breithaupt, système adopté par
plusieurs puissances, par suite de la facilité qu'il offre pour le
réglage ; cependant si, par crainte de combustion instantanée,
on donnait la préférence au système Bormann, rien n'empêche-
rait d'admettre également les dispositions que nous avons
indiquées (Voir fig. 9, 10 et 11, Pl. II). Le régulateur devrait être
entaillé de façon à ne pas couvrir la partie de la colonne fusante
comprise entre la saillie du repère et le logement de l'étoupille
emplombée.

L'action d'amorcer serait facilitée par la direction horizontale
que la construction de la fusée permettrait de donner à la gouge
et par la moindre épaisseur de métal que pourrait avoir la cou-
verture de la matière fusante ; celle-ci n'étant pas exposée à une
intensité de chaleur aussi grande que dans l'ancien mode de
chargement.

Après avoir enlevé la languette de sûreté et dévissé le disque-
écrou, on met à découvert, avec l'instrument, une des divisions
de la colonne fusante, puis le régulateur est déplacé, jusqu'à ce

que l'ouverture du logement de l'étoupille emplombée vienne en regard de cette division, ce qui a lieu en faisant coïncider le repère avec le nombre indiqué. Le disque-écrou étant ensuite serré de nouveau, le projectile est prêt à être tiré.

Le dispositif explosif que nous avons décrit s'applique aisément à un grand nombre de fusées à temps, en usage aujourd'hui, entre autres à la fusée à temps autrichienne, à la fusée prussienne, etc.

L'étoupille emplombée peut même être adoptée dans les bouches à feu rayées se chargeant par la bouche, où elle constaterait son utilité en réduisant considérablement le nombre de non-prises de feu.

# TABLE DES MATIÈRES.

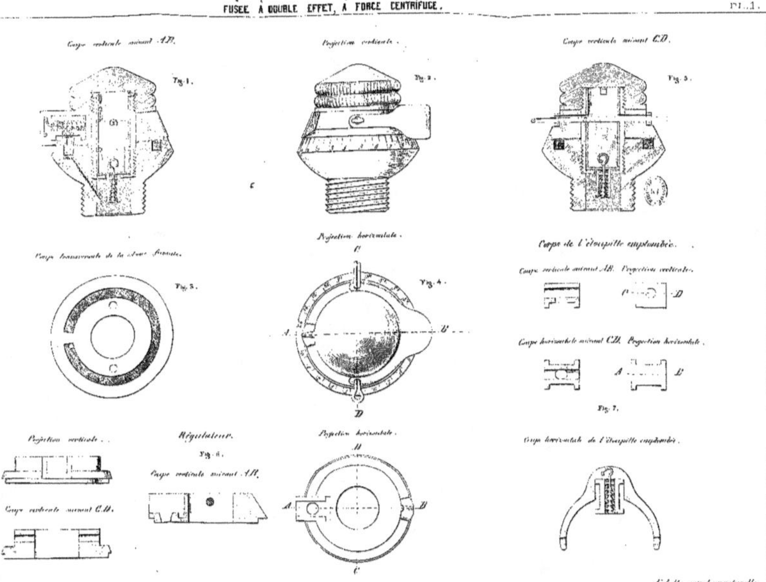
Coupe verticale suivant AB.
Projection verticale.
Coupe verticale suivant CD.
Fig. 1.
Fig. 2.
Fig. 3.
Coupe transversale de la couronne fusante.
Projection horizontale.
Corps de l'étoupille emplombée.
Fig. 5.
Fig. 4.
Coupe verticale suivant AB. Projection verticale.
Coupe horizontale suivant CD. Projection horizontale.
Fig. 7.
Projection verticale.
Régulateur.
Projection horizontale.
Coupe horizontale de l'étoupille emplombée.
Fig. 6.
Coupe verticale suivant AB.
Coupe verticale suivant CD.
Échelle grandeur naturelle.

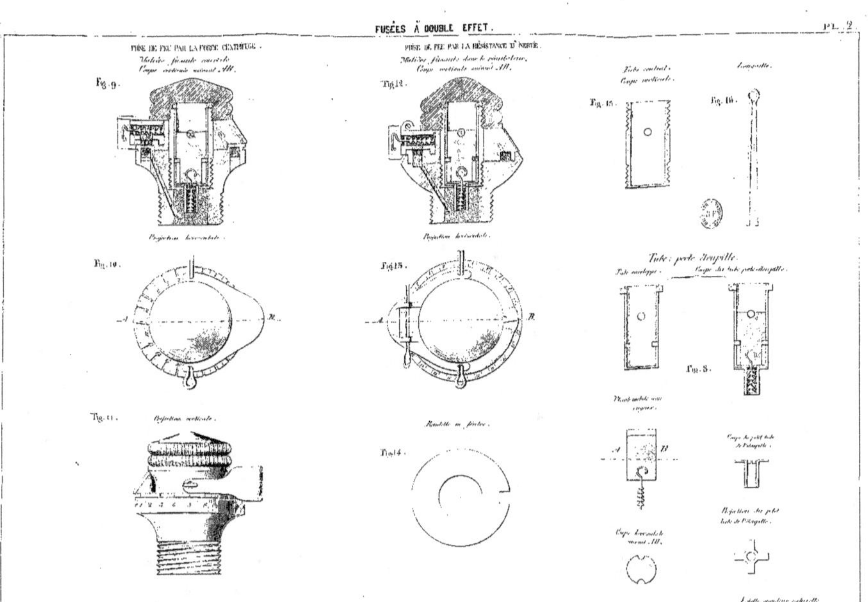
PRISE DE FEU PAR LA FORCE CENTRIFUGE.
Matière fusante concentrée.
Coupe verticale suivant AB.
Fig. 9.
Projection horizontale.
Fig. 10.
Fig. 11.
Projection verticale.
PRISE DE FEU PAR LA RÉSISTANCE D'INERTIE.
Matière fusante dans le percuteur.
Coupe verticale suivant AB.
Fig. 12.
Projection horizontale.
Fig. 13.
Rondelle en feutre.
Fig. 14.
Tube central.
Coupe verticale.
Fig. 15.
Lancette.
Fig. 16.
Tube porte-aiguille.
Coupe verticale.
Fig. 8.
Échelle moitié naturelle.